NOTICE

SUR LA VIE PRIVÉE

DE

DUPONT DE L'EURE

Par M. OZANNE

Notaire honoraire, Membre du Conseil général de l'Eure

PRIX : 50 CENTIMES

LE NEUBOURG

IMPRIMERIE DE CHARLES BRANCHARD
Rue Guilbert

—

1877

DUPONT DE L'EURE

Devant cette puissante individualité qui, par la seule force, de la probité et du désintéressement, s'éleva jusqu'à la présidence d'un gouvernement de la France, le modeste chroniqueur doit s'incliner humblement et céder la plume à l'historien ; nous nous contenterons donc de rappeler quelques dates, et de citer quelques faits inédits de la vie privée de cet homme de bien.

Jacques-Charles Dupont de l'Eure est né au Neubourg. Ses compatriotes, pour en perpétuer le souvenir et honorer sa mémoire, ont fait poser, sur la façade de la maison qui le vit naître (1), l'inscription suivante, gravée en lettres d'or sur une tablette de marbre noir :

LES HABITANTS DU NEUBOURG
A LEUR VÉNÉRABLE COMPATRIOTE
DUPONT DE L'EURE
NÉ EN CETTE MAISON, LE 27 FÉVRIER 1767

(1) Elle est située sur la place du Parvis-de-l'Église, presqu'à l'encoignure de la rue de Conches, et appartient aujourd'hui à Mme Fortier, de Louviers, petite nièce de M. Dupont.

A l'exemple de M. Férey, son parent, il fit à Caen ses études de droit. Bien jeune encore, il fut élu maire du Neubourg, le 23 septembre 1792, et dès le 30 brumaire an II, on le nomma administrateur au district de Louviers (1), puis juge au Tribunal de cette ville. Devenu en l'an IV substitut près le Tribunal civil de l'Eure, il passa bientôt accusateur public près le Tribunal criminel de ce département. Il siégeait au Conseil des Cinq-Cents lors du 18 brumaire. L'an VIII le vit conseiller au Tribunal d'appel de Rouen et président du Tribunal criminel de l'Eure. Il fut appelé en 1811 à la présidence d'une Chambre de la Cour d'appel de Rouen ; sous la Restauration, on le destitua malgré l'inamovibilité de la fonction. Nommé député en 1814, ainsi que dans les Cent-Jours, il fit depuis continuellement partie de la Chambre. La révolution de 1830 le porta au ministère de la justice, où sa prise de possession donna lieu à un acte de désintéressement que je ne puis passer sous silence :

Sous la Restauration, il était d'usage d'allouer à tout ministre entrant en fonctions une indemnité de 20,000 fr. à titre de frais d'installation. A l'arrivée de Dupont de l'Eure à la Chancellerie, on lui présenta le mandat de

---

(1) Cette nomination eut lieu dans les circonstances suivantes :
En septembre 1793, un détachement de dragons de la Manche, conduisant des chevaux de remonte, traversa le Neubourg. Une querelle des plus vives s'étant élevée entre plusieurs habitants et les militaires, le maire, M. Dupont, et les membres du Corps municipal durent interposer leur autorité pour empêcher une rixe sanglante, et ils crurent prudent d'accompagner les dragons jusqu'à Louviers. Un représentant du peuple, qui se trouvait alors en cette ville par suite d'une mission particulière, voulant témoigner sa satisfaction au Corps municipal de sa prudente conduite en cette circonstance, nomma son président administrateur au district de Louviers.

cette somme à toucher sur le Trésor public. Il le refusa :
« J'ai, dit-il, donné 30 sous au commissionnaire qui a
« transporté ma malle ici, ma conscience me reprocherait de prélever sur les fonds de l'Etat une somme
« qui ne m'est pas due. »

M. Guizot et les autres ministres ne purent qu'imiter le garde des sceaux, et, à partir de ce moment, il ne fut plus question des frais d'installation des ministres.

Il revint bientôt après reprendre les simples fonctions de député. En 1848, malgré ses quatre-vingts ans, on lui décerna la présidence du Gouvernement provisoire, comme étant le patriote le plus pur, et il fut nommé membre de l'Assemblée constituante presque à l'unanimité par les électeurs du département de l'Eure. Quelques mois s'étaient à peine écoulés que ses concitoyens, fatigués sans doute de l'entendre appeler le « *Vertueux Dupont* », lui refusèrent les voix nécessaires pour entrer à l'Assemblée législative (1). La fable ridicule du partage des 45 centimes entre les membres du Gouvernement provisoire avait fait son chemin parmi la crédule population de nos campagnes. Quatre-vingts ans de vie pure et de désintéressement n'avaient pu faire justice de pareilles absurdités !

---

(1) A cette occasion, il racontait un épisode analogue de sa vie politique antérieure :
Une élection de députés avait eu lieu par suite du retour de l'Empereur de l'île d'Elbe. Le collége électoral, réuni à Évreux, nomma de veille son président, selon l'habitude. M. Dupont de l'Eure obtint l'unanimité des suffrages, le sien seul excepté. Le lendemain, il eût pour la députation le même nombre de voix. Trois mois après, Louis XVIII ayant été replacé à la tête du Gouvernement, les mêmes électeurs, réunis de nouveau, lui donnèrent à peine quelques suffrages.

Il se retira alors dans sa petite terre de Rouge-Périers, et consacra les loisirs de sa retraite et les dernières années de sa vie à des actes de bienfaisance. Par un capital qu'il versa à l'hospice d'Harcourt, il établit, à perpétuité, un lit destiné aux malades et infirmes de la commune de Rouge-Périers. D'autres sommes furent distribuées, d'après ses désirs, aux indigents des communes de Beaumont, de Brionne et du Neubourg, ce qui n'empêcha pas l'autorité municipale de cette dernière ville, de lui refuser le droit d'acheter dans le cimetière le terrain nécessaire à sa sépulture, sous prétexte qu'il n'avait pas *le droit de cité* au Neubourg, parce que son domicile en était éloigné de quelques kilomètres. Il fallut, pour vaincre cette résistance, une injonction préfectorale.

Si la probité politique de M. Dupont de l'Eure devint universelle et proverbiale, on pourrait affirmer que sa probité et sa délicatesse privées furent poussées à des limites plus extrêmes encore. Homme d'ordre, de régularité et d'économie en toutes choses, et habilement secondé par l'intelligente activité de Mme Dupont, il sut tenir sa maison à la hauteur de sa position sociale, quoique ne possédant qu'une fortune restreinte, et plus d'un ami, beaucoup plus riche que lui, eut recours à sa bourse, qui, du reste était toujours ouverte gratuitement à l'infortune. Il n'était pas ennemi d'un large bien-être et même d'un peu de luxe pour ceux qui en avaient les moyens, mais il blâmait énergiquement les personnes qui, pour les obtenir, absorbaient ou excédaient leurs revenus. Naturellement bienveillant, il se laissait parfois entraîner à des sentiments de brusquerie et de vivacité quand il se trouvait sous l'empire de quelque grave préoccupation. Cet état durait peu et cédait bientôt la place aux paroles de bonté et de douceur qui lui étaient habituelles.

Son esprit vif et pénétrant lui permettait de faire usage de fréquentes saillies qu'il ne rendait jamais acerbes : « A l'époque des célèbres élections de M. Charles
« Laffitte, qui avait pour concurrent M. Jacques de Fon-
« tenay, il se trouvait au Neubourg, dans une maison
« où se présentèrent successivement deux personnes de
« Louviers, d'opinions différentes, qui recommandèrent
« chacune la candidature de leur prédilection. On an-
« nonça bientôt un troisième personnage de la même
« ville qui avait aussi mission de patroner l'un des can-
« didats. M. Dupont, s'avançant vers le nouvel arri-
« vant, lui adressa très-sérieusement cette question :
« *Pour quelle maison Monsieur voyage-t-il ?* »

Du reste, il était bien rare qu'il parlât politique dans ses causeries intimes ; il paraissait même les éviter et répétait souvent que son frère, simple commerçant, était bien heureux de n'avoir pas à s'en occuper.

Il acceptait volontiers une invitation à dîner, sans apparat ni pompe ; c'était en ces occasions qu'il laissait couler sa verve d'autant plus abondante et spirituelle qu'il se sentait entouré d'auditeurs sympathiques. Personne mieux que lui ne savait amener un bon mot, raconter une anecdote, en suspendre le dénouement qui arrivait toujours d'une manière drôlatique et inattendue. Il était surtout conteur intarrissable quand on le laissait parler sans l'interrompre ; il eut, à cet égard, un vrai succès à la préfecture de l'Eure, peu de temps avant la révolution de 1848 : « A différentes reprises, la femme
« du préfet, fille d'un ancien ami de M. Dupont, lui
« avait adressé le reproche de pousser les exigences de

« la politique jusqu'au refus d'un dîner à la préfecture,
« ajoutant que pourtant c'était la femme du préfet qui
« faisait l'invitation et non le fonctionnaire du Gouver-
« nement. M. Dupont était toujours parvenu à se sous-
« traire à ces pressantes sollicitations, quand il fut nommé
« président de la Commission réunie à Evreux pour don-
« ner son avis sur le tracé, dans le département de l'Eure,
« du chemin de fer de Cherbourg. Cette fois il ne put refu-
« ser l'invitation qui lui fut faite. L'homme politique
« ayant disparu, M. Dupont fut accueilli en ami et traité
« comme tel, non-seulement par ses hôtes, mais aussi par
« leurs invités. Tout ce monde, un peu par curiosité, un
« peu par déférence se tint sur la réserve, et lui laissa les
« honneurs de la conversation. Quoique parvenu alors à
« un grand âge, sa voix affaiblie reprit son assurance et
« sa netteté d'autrefois. Sa parole, devenue facile et
« attrayante, s'anima par degrés et parvint à vaincre la
« prévention que tous les invités n'avaient pas laissée à
« la porte. Les joueurs eux-mêmes durent abandonner
« les tables pour faire cercle autour du véritable causeur
« du vieux temps. Ce fut une bonne soirée pour tous. »

Dans les dernières années de son existence, M. Dupont se plaisait surtout à la société d'un petit nombre de parents et d'amis. Quand il était de retour dans sa terre de Rouge-Périers, après les sessions du Corps-Législatif, il consacrait ses loisirs à quelques excursions dans les localités voisines : Brionne, Beaumont, Bernay, le Neubourg où il trouvait l'occasion de se livrer à ces causeries qui lui étaient si chères. Le Neubourg surtout avait pour lui un charme particulier, peut-être parce que c'était le lieu de sa naissance. Il s'y rendait régulièrement tous les mercredis pour y faire, disait-il, *son marché* ; c'était tout simplement pour satisfaire l'habitude qu'il avait contracté de longue date de venir dépenser quelques heures avec ses neveux et quelques personnes de la localité. Là, comme un vénérable patriarche, il donnait audience à ceux de ses compatriotes qui venaient prendre conseil de sa longue expérience, et, le plus souvent, il s'obligeait à rendre des services à de nombreux solliciteurs qui s'attachaient à ses pas, malgré l'assurance qu'il leur donnait que son pouvoir était de peu de valeur. Il se fit ainsi bon nombre d'ingrats sur lesquels il ne laissa jamais tomber aucune parole de reproche ou d'amertume. Le bien qu'il avait fait suffisait à son cœur.

Cette distraction du mercredi était devenue un tel besoin de son existence, qu'on le vit plus d'une fois quitter la société de hauts et puissants personnages qui se trouvaient à Rouge-Périers pour faire sa course ordinaire du Neubourg, et pourtant il était tellement esclave des convenances qu'elles furent une fois la cause d'un mouvement d'humeur de sa part contre son ami Béranger : Un jour, que ce dernier se trouvait à Rouge-
« Périers, M. Dupont invite à déjeuner plusieurs de
« ses parents de Bernay, qui lui avaient manifesté le
« désir, bien naturel, de voir le poète national. Comme
« il connaissait les idées un peu sauvages de Béranger,
« il le prévint de veille, avec tous les ménagements et
« toutes les précautions oratoires possibles, de la réu-
« nion qui devait avoir lieu. L'heure du déjeuner étant
« arrivée, on chercha en vain l'illustre chansonnier : il
« était allé rêver solitairement dans la forêt voisine,
« pour se soustraire aux regards des curieux. Quand il
« revint, les convives, désappointés, étaient repartis
« depuis longtemps ; mais M. Dupont, mécontent de
« l'impolitesse de son ami, l'accueille froidement et lui

« lance cette apostrophe : *Quand on a l'honneur de*
« *porter le nom de Béranger, il faut savoir en sup-*
« *porter les conséquences!* Le poète se contenta de
« lui présenter la main avec son sourire mélancolique,
« et la paix fut faite. »

Jamais il ne s'arrêtait aux commérages et en faisait bonne justice. Par sa présence seule, ou avec quelques paroles conciliantes, il rétablissait, entre ses proches et ses amis, la bonne harmonie qui s'est rompue après sa mort d'une manière si regrettable. Quand il était choisi pour arbitre, nul n'osait enfreindre sa décision, toujours basé sur l'équité et la justice. Ce furent ces principes qui le guidèrent dans l'exercice de ses fonctions judiciaires ; mais laissons la parole, à cet égard, à l'auteur de *l'Ermite en province.*

« Une gloire, dit-il, que le Neubourg peut aussi re-
« vendiquer, c'est celle d'avoir donné le jour à cet hono-
« rable Dupont de l'Eure, votre ami et le mien ; vous
« savez aussi bien que moi ce qu'il a fait comme citoyen
« et comme député, mais peut-être êtes-vous moins ins-
« truit de ce qu'il a fait comme magistrat. C'est aux
« nombreuses victimes qu'il a arrachées à la fureur de
« l'esprit de parti et aux rigueurs des lois d'exception ;
« c'est aux coupables eux-mêmes, à l'égard desquels il
« n'oublia jamais ce qui est dû de pitié et de respect au
« malheur, qu'il faut le demander. Appelé jeune encore
« à présider la Cour spéciale d'Evreux, il concilia avec
« autant de bonheur que de sagesse les devoirs de ses
« redoutables fonctions avec ceux de son cœur géné-
« reux. Il sut dans ces temps de troubles discerner le
« degré d'indulgence qu'il fallait accorder aux circons-
« tances et le point délicat où devait commencer pour

« le juge le caractère de la criminalité. Le pouvoir lui-
« même le trouva impassible comme la loi quand il
« voulut faire du tribunal où il l'avait placé, un instru-
« ment de ses vengeances. Chacun dans ce pays a en-
« core présent à la mémoire l'affaire d'Aubin et de
« Goujon, accusés avec neuf autres personnes de vols de
« diligences. C'était en 1809, le Gouvernement, irrité
« de voir se reproduire un genre de crime dont un parti
« cherchait à colorer l'infamie sous les dehors poli-
« tiques, résolut de frapper le peuple par un exemple
« effrayant. On fit clairement entendre au juge des mal-
« heureux accusés qu'il eût à trouver des coupables ;
« mais notre vertueux compatriote resta sourd à de pa-
« reilles insinuations, et le sort des prévenus lui devint
« plus cher du moment où il vit qu'on voulait les placer
« sous un autre glaive que celui de la justice. Les
« charges qui s'élevaient contre eux furent discutées
« avec le plus grand soin, et, après s'être convaincu de
« leur innocence, M. Dupont éprouva la jouissance la
« plus pure pour un magistrat intègre, celle de rendre
« à la liberté et à leur famille onze citoyens dont une
« accusation injuste avait menacé la tête. Le Gouver-
« nement d'alors eut assez de grandeur ou de politique
« pour ne point destituer le juge inébranlable qui avait
« eu assez de conscience pour lui résister. . . . . »

M. Dupont de l'Eure est décédé à Rouge-Périers, le 2 mars 1855. Dans ses papiers on trouva l'écrit suivant :

« Mes chers enfants, j'ai toujours vécu avec sim-
« plicité, et je veux quitter la vie sans plus de pompe
« et d'appareil. Je vous recommande de me faire inhu-
« mer dans le cimetière du Neubourg, où mon ami,
« M. Ozanne, notaire, a acquis, par une concession per-
« pétuelle, le terrain destiné à ma sépulture.

« Je prie les personnes qui assisteront à mon inhu-
« mation de s'abstenir de tout discours et de toute ma-
« nifestation extraordinaire. Je désire que ma tombe
« ne soit recouverte d'aucune autre inscription que
« celle qui devra énoncer seulement mon nom, mes
« prénoms, la date et le lieu de ma naissance, ainsi que
« la date et le lieu de mon décès ; cette inscription
« devra être conçue dans les termes suivants :

« *Ici repose Jacques-Charles Dupont de l'Eure,*
« *né au Neubourg, le 27 février 1767, décédé*
« *à . . . . . le . . . . .* » (1)

Lecteur, si vous désirez visiter le tombeau de cet illustre citoyen, vous le trouverez derrière la chapelle de l'antique prieuré de la Maladrerie, vers le midi, entouré de somptueux mausolés. Une simple tablette de marbre blanc le recouvre !

---

(1) Le 3 mars 1855, jour de l'inhumation de M. Dupont, au moment où le général Cavaignac et ses amis se trouvèrent réunis dans le salon de Rouge-Périers, Garnier Pagès donna lecture de l'écrit qui vient d'être transcrit, lequel fut religieusement exécuté de point en point. Au nombre des personnages rassemblés figuraient, outre le général Cavaignac et Garnier Pagès, MM. Marie, Sénard, Goudchaux, Carnot, Havin, Landrin, Degousée, Martin de Strasbourg, Legendre, Vaulabelle, Jules Simon, Alcan, Sarrans jeune, Edmond Adam, Léon Plée, Bougrain, etc.

NEUBOURG. CHARLES BRANCHARD, IMPRIMEUR.

www.ingramcontent.com/pod-product-compliance
Lightning Source LLC
Chambersburg PA
CBHW070436080426
42450CB00031B/2677